हमने तुमसे कही थीं जो बातें...

कादम्बरी

Made with ❤ on the Notion Press Platform
www.notionpress.com

यह सिर्फ तुम्हारे लिए...

वो हर कही-अनकही बात,

जो तुमको थी बतानी...

वो हर एक जज़्बात,

जो तुम्हारे थे सौगात...

संजो दिए हैं इसमें...

बस तुम्हारे लिए ही है यह किताब...!

क्रम-सूची

क्रम-सूची

क्रम-सूची

1. ज़िन्दगी का दरवाज़ा...

ज़िन्दगी का दरवाज़ा
आज अचानक जाने कैसे खुल गया...
तुम आए ऐसे जीवन में आज,
जैसे एक अलग ही नशा सा घुल गया...
छाया कुछ ऐसा ख़ुमार -
जैसे हो पहला पहला सा प्यार...
और हर वक़्त है बस अब तुम्हारा इंतज़ार...
~*~

2. मुस्कुरा दिए थे तुम...

देख हमें, जब मुस्कुरा दिए थे तुम,
साँसें वहीं थम गईं थीं हमारी...
छेड़ हमें, जब मुस्कुरा दिए थे तुम,
धड़कन वहीं रुक गई थी हमारी...
होंठ थे चुप, पर बोल गईं आँखें तुम्हारी -
मुस्कान से तुम्हारी, और बढ़ गई मुस्कान हमारी...
~*~

3. बस यूँहीं...

आज बड़े दिन बाद, बस यूँहीं, मुस्कुराने का जी किया...
बस ख़ामख़ाँ, यूँहीं गुनगुनाने का जी किया...
ऐसा कुछ हुआ तो नहीं था,
फिर भी, बड़े दिन बाद, आज जीने का जी किया...
बात तो कोई नहीं थी,
पर तुम्हें पास बुलाने का जी किया,
तुमसे बस यूँहीं, बतियाने का जी किया...
कभी सूरज की भीनी रोशनी में भीग जाने का जी किया,
तो कभी नर्म चाँदनी में डूब जाने का जी किया...
कभी फूलों के रंगों को बिखराने का जी किया,
तो कभी उन्हीं रंगों से अपना आँचल रंग लूँ, ये जी
किया...
कभी तितलियों के पीछे भागूँ, ये जी किया,
तो कभी पंछियों संग उड़ जाने का जी किया...
बड़े दिन से बंद थीं तमन्नाएँ दिल में,
आज फिर उन सभी का खुली हवा में साँस लेने का जी
किया...
और ये सब बस यूँहीं, ख़ामख़ाँ...
क्योंकि आज बड़े दिन बाद बस यूँहीं मुस्कुराने का जी
किया...

~*~

4. चाहा नहीं था...

चाहा नहीं था कोई अब इश्क दिल में जगाए -
सालों तुम ने लुक्का-छिप्पी खेली,
पर कभी ना सामने आए!

*

मगर मिल गया
एक दोस्त अचानक,
जो क्यों मेरे मन को भाए?!
क्या तुम ही हो वो साया,
जो हमेशा से,
मेरे हर सपने में आए?

~*~

5. ये कैसा है प्यार...?

ये कैसी बेबसी है
ये कैसा है प्यार -
तुम से प्यार करें हम जितना,
उतना ही करें हम इनकार!

*

सोचती हूं अब कह दूँ तुम को -
क्यों रहो इस बात से तुम अनजान!
पर कहना चाहा भी जब अक्सर,
क्यों रुक जाती है ज़बान?

~*~

6. एक तरफ़ा इश्क...

इस एक तरफ़ा इश्क में,
खुद को अब अकेली पा रही हूँ...
तेरी राह तकते-तकते,
थोड़ा सा अब डगमगा रही हूँ...
हाल-ए-दिल अब सम्भलता नहीं,
फिर भी सब निभा रही हूँ...
पर अब जीवन से कुछ घबरा रही हूँ...
चेहरे पर मुस्कान है,
पर अंदर से टूटती जा रही हूँ...
अब सहन होता ये दर्द नहीं है,
तो बता दूँ तुझको,
मैं यह फैसला रोज़ और दृढ़ करती जा रही हूँ...
~*~

7. अब जान ले तू...

आ जान ले अब तू इश्क मेरा,
क्यों अनजान बना तू फिरता है...
इश्क में तेरे मैं भी तो जलूँ -
दिन-रैन भला कहाँ दिखता है...
~*~

8. मैं और तुम...

मैं और तुम जैसे
एक पेड़ और उसके पत्ते...
कुछ दिन का हसीन साथ हमारा -
फिर नई तस्वीर होगी तुम्हारी,
मैं, सूखा पत्ता, उड़ जाऊँ ले जाए जहाँ झोंका पवन का...
या मिल जाऊँ मिट्टी में तुम्हारी, बढ़ाने निखार तुम्हारा...
~*~

9. हमेशा कम ही लगता है...

तेरा आना, तेरे साथ समय बिताना,
हमेशा कम ही लगता है...

*

तुझे जितना भी मैं जानूँ,
तुझे उतना और चाहूँ,
पर हमेशा कम ही सा लगता है...

*

जितनी भी बातें करूँ तुझ संग,
हमेशा कम ही लगता है...

*

तुझे चाहे बस दूर से ही देखूँ,
या तुझ संग उम्र सारी गुज़ारूँ,
पर वो भी कुछ कम ही सा लगता है...

*

सौ जन्म तुझ पर न्योछारूँ,
पर यह भी कम ही सा लगता है...

~*~

10. अपना बना लो तुम...

मैं एक खोई हुई परछाई हूँ,
कभी तो ढूंढ़ लो मुझे तुम...
मैं एक बहती हुई नदी हूँ,
एक बाँध बना, पास अपने रोक लो तुम...
मैं वो हल्की-सी दस्तक भी हूँ,
जिसको अब न अनसुनी करो तुम...
मैं वो बहती हुई हवा भी हूँ,
महक अपनी जिसमें भर दो तुम...
मैं वो भूला हुआ गीत भी हूँ,
अब तो उसे गुनगुना लो तुम...
मैं वो भटकती हुई राहगीर भी हूँ,
बस अब अपना बना, मुझे अपने दिल में बसा लो तुम...

~*~

11. वापसी मुमकिन नहीं अब...

चाहत में तुम्हारी
आगे निकले इतने हम...
चाहें भी जो करना तो
वापसी मुमकिन नहीं अब...

*

याद नहीं क्या तुम से था पहले,
सोच न पाएँ क्या है आगे अब...
चाहें भी जो करना तो
वापसी मुमकिन नहीं अब...

*

जीवन ठहरा तुम पर ही जैसे,
साँसें चलती तुमसे अब...
चाहें भी जो करना तो
वापसी मुमकिन नहीं अब...

*

भूल गए खुद को भी हम तो...
डरते हैं, न भूलें रब को...
मान न लें तुमको ही रब...
चाहें भी जो करना तो
वापसी मुमकिन नहीं अब...

12. क्या कर जाऊं...?

और बताओ! क्या कर जाऊं?
कैसे तुम्हें यकीन दिलाऊँ,
कि तुम बिन अब मैं रह न पाँऊ...
तुम को, बोलो, कैसे मनाऊँ...?
प्यार का अपने, तुम्हें कैसे प्रमाण दे जाऊं,
प्यार तुम्हें भी हो मुझसे, कहो, मैं कैसे रिझाऊं...
इन्तज़ार मैं तुम्हारे कब तक रुक जाऊँ,
तुम बिन कहीं अब मैं मर ही न जाऊँ...!

~*~

13. क्या कहूँ...?

उफ़! ऐसा क्या कहूँ कि तुम मेरे इश्क़ पर यकीन कर लो...
इश्क़ अपना बना लो मुझको और मुझे आफ़ताब का एक
ज़र्रा कर दो...
ओस की एक बूंद की तरह, मुझे भी कुछ पल के लिए
मोती कर दो...
एक खुबसूरत फूल की तरह, कुछ दिन के लिए ज़िन्दगी दे
दो...
~*~

14. आज तुमसे बात करके...

आज तुमसे बात करके,

कुछ समझ नहीं आया...

आज तुमसे बात करके,

कनफ़्यूशन-सा छाया...

आज थी जैसे बात ना पूरी,

रह गया हर लफ्ज़ कुछ अधूरा, कुछ आधा...

आज हुई मैं चुप छोड़ी ज्यादा...

पहले हर बात में थी बेहिचक सी बेपरवाही...

आज कहाँ से आ गई यह समझ, ये गहराई, ये तन्हाई -

जहाँ हम कर जाते थे बातें हज़ार,

आज कितना कुछ कहने को होते हुए भी, कुछ कह ना

पाई एक बार...

मन किया कह दूँ यह बात, वो बात...

पर निकल ना पाया एक शब्द, जैसे हो किसी अनजान का

साथ...

आज अलग से थे तुम,

या बदल गई थी मैं,

अब भी समझने की कोशिश करती मैं...

या सच शायद ये है...

अब यकीन नहीं तुम पर है...

क्योंकि जानती हूँ मेरी दोस्ती की शिद्दत ना करोगे तुम
बर्दाश्त,
और कर सकूँगी ना तुम्हारा जाना मैं बर्दाश्त...
और जाओगे तुम ज़रूर...
क्योंकि तलाशता जो हो तुम, ले जाता तुम्हे हर बार, वो
बहुत दूर...
~ * ~

15. तुमसे अब क्या कहूँ...?

तुमसे अब क्या कहूँ...
कहने को नहीं अब बात कोई...
बातें सारी सूखी लब पर,
खो गए अल्फाज़ सभी...
सोचा था करेंगे तुम से हम, जीवन की सारी बातें कभी,
पर ना कर पाते अब तो तुम से छोटी सी भी बात कोई...
दिल ही दिल में घुट कर रह गईं दिल की थीं जो बात
सभी...
तुम बिन मैं भी घुट सी रही हूँ, मैं भी अब तो मैं न रही...

16. पहले...और अब...

पहले,
तुम्हारी चुप्पी
समझ आती थी मुझे,
तुम्हारे बिन कहे सब जान जाती थी मैं -
क्योंकि तुम्हारी चुप्पी सब बताती थी मुझे...

*

और अब,
तुम्हारी बातें
भी समझ आती नहीं,
बातें भी तुम्हारी अब कुछ बताती नहीं...
जैसे बातें भी कुछ अब छुपाती फिरें...

~*~

17. हमारा क्या...?

तुम ऊँचे गगन के पंछी...
हम हैं ज़मीन पर रहने वाले...
तुम्हें प्यारा आसमान तुम्हारा,
हम बस आसमान को तकते रहते...
फिर कैसे हो हमारा मिलन...?
फिर क्या है हमारा संबंध...?
तुम्हें ये सोच नहीं है सताती,
तुम मगन अपनी ही धुन में...
पर कभी सोचो तो -
इस सब में,
हम पर क्या बीते...?
इस सब में,
हमारा क्या?

~*~

18. क्या रुक नहीं सकते...? (I)

चल दिए तुम फिर किसी राह नई की तलाश में...
चल दिए तुम फिर मुझे छोड़ अपने इंतज़ार में...
बस एक बार, मेरी खातिर, क्या रुक नहीं सकते...?
बस इस बार, सुन कर मेरी पुकार, क्या रुक नहीं
सकते...?

*

हो सकता है अब की बार, हो आखरी यह अपना साथ...
अब इस जन्म में मेरी-तेरी हो ना फिर मुलाकात...
बस एक बार, मेरे प्यार की रख लाज, क्या रुक नहीं
सकते...?
बस इस बार, मुझ को दे कर अपना आज, क्या रुक नहीं
सकते...?

~*~

19. क्या रुक नहीं सकते...? (II)

जब कभी अपना मुखौटा ज़रा सरकने देते तुम,
जब कभी अपने दिल की गहराईयों में ज़रा झाँकने देते
तुम,
कभी लगे कि हाथ बढ़ा अब हाथ मेरा हो थामे तुम...
तभी अचानक सब छोड़-छाड़ कर ऐसे भागे जाते तुम,
तभी अचानक सारे बंधन तोड़-ताड़ के ऐसे भागे जाते
तुम...
हैरान मुझे उस मोड़ पर अक्सर क्यों कर जाते तुम?
क्या भाग रहे हो तुम मुझसे,
या भाग रहे हो तुम खुद से...
अपने सारे डर भुला कर, क्या रुक नहीं सकते हो तुम?
बस एक बार मुझ पर कर यकीं, क्या रुक नहीं सकते हो
तुम?
~*~

20. तुझे रहम ना आया...

तुम कैसे चैन से सो सकते हो,
मुझे यूँ बेचैन कर के...
तुम कैसे इतमिनान से रह सकते हो,
मुझे बेकरार कर के...
मैं हर पल ऐसे तड़प रही हूँ,
तेरे इंतज़ार में खो के...
तुझे एक बार भी रहम ना आया,
मुझे इतना रुला के...

~*~

21. जब तुम नहीं थे...

जब तुम नहीं थे,
ज़िन्दगी में कोई ग़म भी नहीं थे...
कुछ तन्हाई थी,
पर अपने में ही मैं समाई थी,
खुश थी, संतुष्ट थी, मुकम्मल थी!
*

तुम से मिल कर लगा,
जैसे पंख लग गए मेरे...
पैर टिकते ही नहीं थे ज़मीन पे मेरे...
*

फिर एक आँधी सी चली...
संग अपने तुम्हें भी बहा ले गई...
अब हो कर भी, तुम नहीं हो साथ...
ढूँढूं चाहे जितना, ना होता तुम्हारा एहसास...
अब ग़म है, तन्हाई है,
कुछ बीती बातों की यादें उन में समाई हैं...
उन यादों में मैं ढूँढती तुमको, खुदको...
क्योंकि अब मैं भी मैं कहाँ...
बस रह गई मेरी भी परछाईं है...
~*~

22. ख़र्च कर दिया ख़ुद को...

ख़र्च कर दिया ख़ुद को
तेरी ही देहलीज़ पर...
अब बचा ही नहीं कुछ मुझ में
जो समेट लें आगे बढ़ने को...
पर चौखट पे तेरी अब रुक सकते नहीं,
तो खाली हाथ ही रुखसत हुए हम,
साथ बस यादें तेरी, मेरे इत्मीनान को...

~ * ~

23. दिल खाली क्यों है...?

दिल खाली खाली क्यों है...?
एक बस तू नहीं, तो ऐसा दर्द क्यों है...?
इस दिल में रहना ना है तुझे मंज़ूर,
पर तेरी यादों से है अब भी यह दिल परिपूर्ण...
~*~

24. धूप तेरी यादों की...

धूप तेरी यादों की
ऐसी भीनी लगती है,
जैसे सर्द मेरी रूह की,
क़तरा क़तरा पिघलाती है...
और तपिश अपनी भर जाती है,
जिस्म को डुबोते हुए, मेरी रूह की गहराईयों में...
~*~

25. याद का दीपक जलता है...

तेरी याद का दीपक जलता है यहाँ...
क्या होती है ख़बर तुझको भी वहाँ?
यादों की शमां है जलाई हमने...
उम्मीद उससे यह लगाई हमने,
रोशनी इसकी लौटा लाएगी तुम्हें...
यह लौ फिर मुझ तक लाएगी तुम्हें...
~*~

26. चन्द्रमा की तरह...

चन्द्रमा की तरह

तुम्हारा प्यार खटता बढ़ता रहा...

पर मेरा इंतज़ार अडिग रहा।

इंतज़ार कभी तुम्हारे प्यार का,

कभी तुम्हारे साथ का,

कभी तुम्हारे ऐतबार का,

कभी बस तुम्हारे एहसास का...

और सदा तुम से सम्मान का

व तुम से समानता का।

लेकिन बस और नहीं...

अब खत्म करना चाहूँ मैं यह इंतज़ार...

और हो पाया तो तुम्हारे लिए मेरा प्यार...

~*~

27. कभी चाहते थे... अभी चाहते हैं...

कभी चाहते थे...
तेरे रूबरू बैठ कर खूब बातें करें,
तेरी मुस्कराहटों को बस ऐसे ही बनाकर रखें,
तेरे जीवन से हर ग़म मिटा, सकून ही सकून भर दें,
तेरा हाथ थाम, हम दुनिया भुला दें।

*

अभी चाहते हैं...
काश तुझसे, बस एक बार फिर, बात कर सकें,
अपनी मुस्कराहट हम वापस पा सकें,
तुझे अपने ज़हन से मिटा, फिर सकून से रह सकें,
खुद को फिर से जीना सिखा सकें!

~*~

28. छोड़ा भी नहीं जाता...

तुझे प्यार करना छोड़ा भी नहीं जाता,
तुझे याद करना छोड़ा भी नहीं जाता...

*

पर दर्द-ए-दिल यह अब सहा भी नहीं जाता,
अब हर एक पल जिया भी नहीं जाता...

*

पर साँस लेना छोड़ा भी नहीं जाता,
तेरे प्यार को भुलाया भी नहीं जाता...

~*~

29. हम तुझे भूल गए...

हम तुझे भूल गए हैं ऐसे
साँस लेना याद नहीं हमें जैसे...
दिल के धड़कने का एहसास नहीं जैसे...
नींद में आँख हुई बंद कब, होश नहीं जैसे...
ना याद हमें है यह सब,
ना याद करें तुझे हम अब...
जैसे जीने को ज़रूरी यह सब,
वैसे ही मेरी रूह में तुम बस गए हो अब...
~*~

30. बेशक़ीमती हैं आप...

बेशक़ीमती हैं आप
और आप से जुड़ी हर बात...
चाहे हो आप का प्यार,
आप की नाराज़गी,
या आप की हर याद...
संजोए बैठे हैं हम
आप से जुड़ी हर चीज़ -
आखिर यही तो है हमारी असल जायदाद...
~*~

31. ना दम तोड़ना...

ना दम तोड़ना मेरे आँचल में...
तुम बिन कहाँ हम जी पाएँगे...
साथ मरना नहीं तेरे मुझको,
हो दो पल की ही सही, ज़िन्दगी तुम संग हम बिताएँगे...
~*~

32. एक लम्हा...

एक प्यार भरा लम्हा
मिल जाता जो हमें...
संग तेरे बस एक लम्हा,
मिल जाता जो हमें...
ख्वाइश कुछ और पाने की
ना रहती फिर हमें...
मौत का भी खौफ
ना रहता फिर हमें...
~*~

33. तेरे इंतज़ार में...

आज भी शाम गुज़र जाएगी
तेरे इंतज़ार में...
आज फिर हम तड़प रहे
तेरी एक आवाज़ को...
है पता ना आएगा तू...
फिर भी हम हैं उम्मीद में...
आज फिर आँख तरस रही
तेरे दीदार को...

~*~

34. फिर तेरी याद...

शाम आई है,
फिर तेरी याद लेकर...
तू नहीं है,
पर तेरा इन्तज़ार लेकर...
भूलती नहीं तेरी कोई भी बात,
पास बुलाएँ तुझे ऐसा क्या कहकर...
~*~

बात क्यों नहीं करते मुझसे?
क्या कह दिया ऐसा तुझसे?
ऐसी क्या खता हो गई मुझसे?
क्या हो तुम मुझसे नाराज़?
जो अब आती नहीं तेरी एक भी आवाज़!

~*~

36. दो घड़ी...

दो घड़ी के लिए
तो तुम मेरे होते...
ता उम्र ना सही,
दो कदम तो साथ चल दिए होते...
इंतज़ार ना करती ज़िन्दगी भर तुम्हारा,
'गर दो पल के लिए तो तुम मिल गए होते...

37. अफ़सोस...

अफ़सोस नहीं करते
तुम्हें प्यार करने का...
अफ़सोस है तो बस -
तुम्हें खो देने का...
~*~

38. तुम रख लो...

मेरी हर जो चीज़ तुम्हें भाए, वो तुम रख लो...
मेरी दौलत, मेरी शौहरत, मेरी हर कामयाबी तुम रख लो...
मेरे ख़्वाब, मेरे सपने, मेरी हकीकत भी तुम रख लो...
बस मेरी चंद साँसें, मेरा चैन, मेरा एहसास मुझे लौटा दो...
और नहीं लौटा सकते तो,
मुझे ही अपनी ज़िन्दगी का एक हिस्सा बना कर तुम रख
लो...

~*~

39. याद मुझे करोगे...?

कल कहीं नहीं मिलूँ मैं तुम्हें,
तो तब क्या याद मुझे करोगे...?
कल कहीं नहीं जब गूँजे मेरी आवाज़,
तो तब क्या याद मुझे करोगे...?
कल कहीं से नहीं 'गर आए मेरा पैगाम,
तो तब क्या याद मुझे करोगे...?
कल कहीं नहीं जब होंगे मेरे निशान,
तो तब क्या याद मुझे करोगे...?

*

'गर करोगे तो...
"ए खुदा! मुझे खो जाने दे इस जहाँ से..."
मिलूँ मैं बस तेरी यादों में -
वही हो मेरा पता नया,
शामिल रहूँ तेरी ज़िंदगी में मैं इसी तरह...
~*~

40. बस एक बार...

तेरे इन्तज़ार में आँखें चुंधिया गईं...
जिससे पहले ये खुलने से कर दें इनकार,
Please एक बार तो मुझे तू प्यार कर ले...
ना कर सके तो,
एक बार तो मुझे दिल से याद कर ले...
चल छोड़ यह भी!
एक बार बस मुझसे बात कर ले!
फिर चैन से बंद भी हो पाएँगी यह...
वरना बंद हो कर भी सुकून ना मिल पाएगा इन्हें!

~*~

41. हम तुम कभी...

हम तुम कभी साथ ना आते, तो अच्छा होता...
हम तुम कभी एक ना होते, तो अच्छा होता...
यूँ इतने साल हम ना गँवाते, तो अच्छा होता...
इस दर्द से हम महरूम रह जाते, तो अच्छा होता...
हम एक दूजे के लिए बनें ही कब थे -
हम एक दूसरे से ना कर जाते, तो अच्छा होता...
हम तुम कभी यूँहीं टकराते,
तो शायद दोस्त भी बन जाते...
पर हम तुम कभी 'गर ना भी मिल पाते,
हम तुम अगर हम ना बन पाते,
तो भी कुछ ना बिगड़ता।
~*~

42. तेरी बेपरवाही...

तेरी यह बेपरवाही ही तो दर्द का सबब है हमारे...
तुझे इश्क ना हमसे, यह कहाँ ग़म में है हमारे...
~*~

43. क्यों...? (II)

क्यों तुम दिल में मेरे, इतनी आसानी से, घर कर गए-
फिर अचानक, अनजान बन, बस उठकर चल दिए?

*

क्यों मैं इतनी आसानी से तुम्हें दिल में छुपा गई,
और तुम जब उठकर चले, हक़ से हाथ पकड़, रोक भी ना
पाई?

~*~

44. शिकायत...

आप की शिकायत है कि आपको रूठने वाले ना मिले...
सच में कहाँ, हम तो झूठ-मूठ का भी कभी रूठ ना सके...
हमें तो दो पल को भी मनाने वाले ना मिले...

~*~

45. अब सपनों में तो ना आओ तुम...

जब भी मैं जागी होती हूँ,
हर सोच में मेरी शामिल तुम,
हर ख़्याल में मेरे होते तुम।
मेरे ज़हन में मुझसे बातें करते रहते तुम...
आँख खुलें तो आगे तुम,
सोने से पहले आखिरी याद भी तुम...
हर साँस में अब हो शामिल तुम,
हर एहसास शुरू जहाँ, होते तुम...
*

अब सपनों में तो ना आओ तुम!
एक यहीं नहीं थे आते तुम -
यहाँ भी अगर आ जाओ तुम,
तो मुझमें मैं कहाँ, बस रह जाओगे तुम ही तुम!
*

मेरा भी तो एक अस्तित्व है,
तुम से परे, एक हस्ती है।
अगर तुम में खोती जाऊँ मैं,
फिर मैं कहाँ रह पाऊँ मैं -
*

अब सपनों में तो ना आओ तुम -

बस इतनी अर्ज़ी सुन लो तुम,
मुझे खुद में ना मिलाओ तुम!
सपने तो मेरे रहने दो,
वो एक जगह जो बस मेरी हो,
तुम से कुछ पल की तो दूरी हो -
चैन हो, इतमिनान हो,
मेरा खुद पे हक़ का एहसास हो!

*

मैं जितना रोकूँ तुमको, तुम
और समा जाओ मुझमें तुम -
अब सपनों में तो ना आओ तुम
कुछ मुझको मुझ में छोड़ो तुम!
~*~

46. शक्ल दिखाने आए हो...

तुम्हारे न होने से अभी उभरी ही तो,
अकेले खुद चलना मैंने अभी सीखा ही तो,
तुम शक्ल दिखाने आए हो -
जो भुलाने लगी मैं, उन बातों को याद दिलाने आए हो,
उन एहसासों को फिर से जगाने आए हो!
तुम शक्ल दिखाने आए हो!
यादों की खिड़कियों से झाँकने आए हो,
यादों के बंद दरवाजे खटखटाने आए हो।
क्यों मुझे भूली राहों पर चलाने आए हो?
क्यों मेरी मुश्किलें बढ़ाने आए हो?
क्यों शक्ल दिखाने आए हो?

~*~

47. क्या करते हो तुम याद मुझे...?

मेरी याद तुम्हें क्या आती है...?
'गर आती है, तो कैसे याद करते हो मुझे...?
मुस्कुरा के भुला देते हो,
या पलकें नम कर लेते हो?
या आँखें बंद कर,आँखों में छुपा लेते हो,
या यादों को मेरी प्यार से, सीने से लगा लेते हो?
कभी गए क्या फिर उस झरने पे
जहाँ भीगे थे हम तुम साथ कभी...
कभी उन पहाड़ियों पर चले फिर,
जहाँ साथ चले थे हम कभी...
या गए फिर उस नहर किनारे,
जहाँ बैठ वक़्त गुज़ारा था हमने कभी...
या दोस्तों की ही भीड़ में,
कभी ढूंढा क्या तुमने मुझे?
या बादलों की घटाओं में, जहाँ चुप गए एक बार थे,
क्या जा वहाँ, मेरी यादों को ही फिर से जगाया तुमने
कभी?
काश...कभी तो करते होगे याद मुझे...
और कुछ नहीं, तो कम से कम,
बातों बातों में ही कभी, ले आते होगे तुम कभी मुझे...!

48. कभी कभी... (I)

कभी कभी मन घबराता है,
कभी कभी चैन नहीं आता है,
कभी कभी साँस नहीं आती है,
क्योंकि कभी कभी याद तेरी सताती है...
~*~

49. हर समय...

जब भी वक़्त मिले,
उस ओर चले आना...
जहाँ ढूँढें आँखें मेरी हर पल तुम्हें...
हर समय...

*

जब भी शाम ढले,
एक दीप जला देना...
मेरे नाम का, जो याद दिलाए मेरी तुम्हें...
हर समय...

*

जब भी नींद में सपनें दिखें,
याद हमें कर लेना...
मेरे प्यार का, शायद आए ध्यान तुम्हें...
कुछ समय...

*

क्योंकि मैं...
राह तुम्हारी तकती हूँ हर पल, हर समय...
याद तुम्हें करतीं हूँ हर पल, हर समय...
और प्यार में तुम्हारे जलती हूँ, हर पल, हर घड़ी, हर
समय...
जबतक यह ज़िन्दगी है...
~*~

50. खुद को मूर्ख बनाते हैं हम...

खुद को मूर्ख बनाते हैं हम
भाग कर तेरी यादों से...
पर भाग सकूँ कहाँ अपनी साँसों से?
हर आती जाती साँस मेरी, है जपती बस जब नाम तेरा...

~*~

51. इंतज़ार...

जानती हूँ, तुम्हें नहीं है...
पर मुझे तो है आज भी तुम्हारा इंतज़ार,
क्योंकि मुझे है आज भी तुम से बेइंतहा प्यार...

~*~

52. कभी कभी... (II)

कभी कभी साँस क्यों नहीं है आती?
क्या होता है संग तुम्हारे भी यह कभी?

*

कभी कभी दिल में दर्द सहन होता ही नहीं...
क्या तुम्हें लगा किसी ने दिल में ख़ंजर हो गाड़ दिया
कभी?

*

कभी कभी लगता है तुम्हारी आगोश में हूँ अभी...
क्या मेरा एहसास भी सताता है तुम्हें कभी?

*

कभी कभी लगता है अब बस और नहीं...
क्या ज़िन्दगी भार लगी तुम्हें भी कभी?

~*~

53. बोल दो आखिर तुम क्या चाहते हो....!

हर पल, हर घड़ी तुम मुझे याद आते हो...
कभी तो तुम मेरे सपने सजाते हो...
अक्सर तुम्हारी बातों से मुझे असमंजस में डाल जाते हो...
बोल दो आखिर तुम क्या चाहते हो?

*

तुम जानते हो तुम मेरे लिए क्या हो!
फिर भी तुम मुझे यूँ सताते हो...
क्यों तुम्हें चाहने की ऐसी सज़ा दे जाते हो...
बोल दो आखिर तुम क्या चाहते हो?

*

भुलाना चाहा जब भी, कहाँ भुलाने देते हो...
ना मुझे रिहा करते हो,
ना मुड़ कर खुद आते हो...
बोल दो आखिर तुम क्या चाहते हो?

*

नहीं तुम्हें प्यार मुझसे, यह अक्सर बताते हो,
फिर अपनी आंखों से कुछ और कह जाते हो,
अपने हर अहसास से, अपनी हर मुलाकात में कुछ और
जताते हो...
बोल दो आखिर तुम क्या चाहते हो?

*

मुझ को खुद पर हक़ नहीं दे पाते हो,
फिर मुझे खुद पर हक़ जताने का हक़ दे जाते हो,
मुझे तो अक्सर हक़ से अपना कह जाते हो...
बोल दो आखिर तुम क्या चाहते हो?

*

बस बहुत हुई यह आँख-मिचोली,
बहुत हुआ सुलझाना यह पहेली,
अब खत्म करो तुम खेल जो यह खेल जाते हो...
अब एक बार बोल दो आखिर तुम क्या चाहते हो?

~*~

54. नहीं वो तुम नहीं थे...

जो मिला था हमें चलते चलते एक बार,

जिसने छेड़ दिए मन के अनगिनत तार,

जिसने रंग दिया हमारा आसमान बेहिसाब,

जिसके साथ चल हम भूल गए यह संसार,

जिसकी बातों में डूब जाते हम हर बार,

जिससे बातें करने को आज भी यह दिल है बेकरार,

जिसका करते हैं हम आज भी इन्तज़ार,

जिसने दिल में हमारे जगाया बेइंतेहा प्यार,

जो हमें भी करता था प्यार बेशुमार,

जिसके साथ से हम हो गए कुछ खास,

जिसने हमें एहसास कराया कि हम भी हैं लाजवाब...

... नहीं वो तुम नहीं थे...

*

वो तो शायद मेरा ख़्वाब था,

मेरे मन का एक एहसास था,

मेरी रूह में बसा एक आफ़ताब था...

पर जो भी था वो,

इतना है यकीन हमको,

... नहीं वो तुम नहीं थे...!

~*~

55. अब भी तुमको...

अब भी तुमको देखा करती
धुँधलाती हुई तस्वीरों में...
अब भी तुमको ढूँढा करती
यादों के गलियारों में...
फ़र्ज़ पर अपने कुर्बान हुए तुम,
देश के सच्चे सपूत बनें...
गर्व तुम्हारी शाहदत पर है,
पर अब भी तुमको घर चाहूँ मैं...
जब हो बच्चों की कोई उपलब्धि
या घिरे तूफ़ान कोई...
अब भी तुमसे बाँटना चाहूँ
हर छोटी या हो बात बड़ी।
पर छोड़ गए ज़िम्मेदारियाँ अपनी
बड़े भरोसे से मुझ पर...
अब भी तुमको महसूस करूँ
पूरी करते हुए उनको...
दूर भले ही हो अब तुम,
पर अब भी तुमको साथ ही पाऊँ -
दूर हो कर भी तुम दूर नहीं,
एहसास अभी भी है मन को...
~*~

56. तुम मेरी रूह में हो बसते...!

तुम मेरी रूह में हो बसते...
मैं हँसती जब तुम हो हँसते,
हर पल आँखों में, ज़हन में तुम हो रहते,
हर बात तुम्हीं से हम कहते,
तुम्हारे जवाब सुन मन ही मन मुस्कराते,
हर समय, हर मौसम संग तुम्हारे गुज़रते
क्योंकि तुम अब मेरी रूह में हो बसते!

*

तुम शायद अनजान इस सच से,
तुम बेखबर अपने इस घर से...
तुम्हें पता कहाँ
तुम्हारा ये भी है एक पता नया...
तुम्हें नहीं पहचान इस घर के रस्ते...
पर सच है कि तुम मेरी रूह में अब बसते!

~*~

57. रोज़...

रोज़ तेरी याद में मर मर कर हम जीते हैं...
रोज़ तेरे इंतज़ार में कुछ और हम मिट जाते हैं...
रोज़ तेरे प्यार में हम ख़ुद को और खो देते हैं...
*

रोज़ थोड़ा-थोड़ा मिटना अब ना होता सहन हमसे...
या तो मिल जा तू या मिटा दे मुझे...
पर चल अब यह सिलसिला खत्म किए देते हैं...
~*~

58. तेरी याद...

बड़ी मुद्दत के बाद तेरी याद भूले थे हम,
अब फिर से ये आग हम बुझाएँ कैसे...?
~*~

59. तेरे दीदार को...

तेरे दीदार को ही तो चल रही ये साँसें...
वरना ये ग़म, ये बेबसी हम किस लिए निभाते!
जो एक बार हो जाए दीदार तेरा,
हम दीदार-ए-रब की दुआ फिर मनाते!
~*~

60. तू मेरी रुह में बसता है...

याद तेरी मैं करूँ कैसे...
याद करने को भुलाना पड़ता है!
भूल तुझे जाऊँ कैसे,
तू तो मेरी रुह में बसता है...
~*~

61. तुम चाहो न चाहो...

तुम चाहो न चाहो,
तुमको तो चाहते रहेंगे हम...
हमें कभी भी ना पुकारो,
तुम्हारी एक आवाज़ के इन्तज़ार में हमेशा रहेंगे हम...
तुम चाहे हमें भूल भी जाओ,
यादों में सदा तुम्हें सहेजकर रखेंगे हम...

62. प्यार मैं अब भी तुमसे करती हूँ...

प्यार मैं अब भी तुमसे करती हूँ,
पर अब यह मुस्कुरा कर करती हूँ!
याद हर पल तुम्हें ही करती हूँ,
पर अब आंसू नहीं, आंखों में चमक भर लेती हूँ!
धड़कन में आज भी तुम ही बसते हो,
पर अब साँस लेना नहीं लगता भारी!
इंतज़ार आज भी हर पल है तुम्हारा,
पर अब रब के भरोसे कि कब होगी दस्तक तुम्हारी...

~ * ~